# दिया हूँ प्यार का

मुक्तक-संग्रह

## डॉ. विष्णु सक्सेना

अंजुमन प्रकाशन

अंजुमन प्रकाशन
942, मुठ्ठीगंज, प्रयागराज-3 उत्तर प्रदेश, भारत
www.anjumanpublication.com
contact@anjumanpublication.com

प्रथम संस्करण अंजुमन प्रकाशन द्वारा 2021 में प्रकाशित

सर्वाधिकार टेक्सट सुरक्षित © डॉ. विष्णु सक्सेना 2021
प्रकाशन सर्वाधिकार : अंजुमन प्रकाशन

आवरण व टाइप सेटिंग : अंजुमन प्रकाशन

ISBN : 978-93-88556-62-0

लेखक इस पुस्तक के मौलिक लेखन के नैतिक अधिकार का दावा करता है

यह पुस्तक या इसका कोई भी भाग लेखक की लिखित अनुमति के बिना पूर्ण या आंशिक रूप से इलेक्ट्रानिक अथवा यांत्रिक (जिसमें फिल्म/सीरियल/फोटोग्राफिक रिकार्डिंग/ पीडीएफ फारमेट भी सम्मिलित है) अभिलेखन विधि से या सूचना संग्रह तथा पुनः प्राप्त पद्धति (रिट्रीबल) अथवा अन्य किसी भी प्रकार से पुनः प्रकाशित, अनूदित या संचारित नहीं किया जा सकता।

पिता श्री नारायण प्रकाश सक्सेना
एवं
प्रिय पाठकों को समर्पित

# लेखकीय

*जमीन जल रही है फिर भी चल रहा हूँ मैं,*
*खिजां का वक़्त है और फूल-फल रहा हूँ मैं,*
*हर तरफ आँधियाँ हैं नफरतों की मैं फिर भी*
*दिया हूँ प्यार का हिम्मत से जल रहा हूँ मैं,*

मेरे जीवन में जब मैंने प्रथम काव्य पाठ की शुरूआत की तो वह सबसे पहला मुक्तक ही था क्योंकि मुक्तक शब्द का अर्थ है अपने भाव में सम्पूर्ण, अथवा काव्य की वह विधा जिसमें कथा का कोई पूर्वापर संबंध नहीं होता, प्रत्येक शब्द अपने आप में पूरी तरह स्वतंत्र और संपूर्ण अर्थ देने वाला होता है। अग्नि पुराण में मुक्तक को परिभाषित करते हुए कहा गया है कि 'मुक्तकं श्लोकएवेकश्चमत्कार क्षमः सताम' अर्थात चमत्कार की क्षमता रखने वाले एक ही श्लोक को मुक्तक कहते हैं।

यह चमत्कार मैंने प्रत्यक्ष रुप में मंच पर अक्सर देखा भी है। जब मैं मुक्तकों से अपने काव्य पाठ का आरंभ करता हूँ तो प्रत्येक मुक्तक अपने आप में संपूर्ण कविता का आनंद दे रहा होता है। कई स्थानों पर तो ऐसा प्रतीत भी हुआ कि मुक्तकों के बाद गीत की आवश्यकता ही महसूस नहीं हुई सिर्फ औपचारिकता भर के लिए गीत सुनाना पड़ा। इस शानदार तकनीक के लिए मैं अपने शहर के दिवंगत उस्ताद कवि श्री सुभाष राठी जी को स्मरण करना चाहूँगा उन्होंने ही मुझे बताया कि मुक्तकों की मारक क्षमता कितनी अंदर तक होती है।

आरंभ से अब तक के सभी मुक्तक इस संकलन में संकलित हैं। अंजुमन प्रकाशन, प्रयागराज का हृदय से आभारी हूँ कि उसने इन सभी मुक्तकों को एक सुंदर पुस्तक का आकार देने का श्रम किया। अपने तमाम श्रोताओं, पाठकों और प्रशंसकों से अपेक्षा है कि मेरे अन्य संकलनों की तरह इस मुक्तक संग्रह 'दिया हूँ

प्यार का...' को भी अपना भरपूर स्नेह दें।

साभार।

(डा. विष्णु सक्सेना)
सिकंदराराऊ (हाथरस) / ग़ाज़ियाबाद
मोबाइल-9412277268, 7017823400

माँ शारदे का कैसा दरबार सज रहा है,
श्री नीलकण्ठ जी को कण-कण ही भज रहा है,
आया यहाँ पे जब से, बाबा का बस तभी से,
मेरे कान में शहद-सा संतूर बज रहा है।

* * *

रातें सुहावनी थीं, दिन तप रहा भयंकर,
अपनों के ज़हर पीकर बैठा था बनके शंकर,
तेरी चन्दनी महक ने बेचैन कर दिया मन,
ठहरा हुआ था पानी क्यों फेंक दिया कंकर।

* * *

यादों के जंगलों में राहें न भूल जाना,
फूलों से तितलियों की चाहें न भूल जाना,
जितनी अमावसें थीं वो तेरे नाम की थीं,
सोये थे जहाँ मेरी, बाँहें न भूल जाना।

* * *

हमें कुछ पता नहीं है हम क्यूँ बहक रहे हैं,
रातें सुलग रहीं हैं, दिन भी दहक रहे हैं,
जब से है तुमको देखा हम इतना जानते हैं,
तुम भी महक रहे हो हम भी महक रहे हैं।

*　*　*

जोड़ा है जिसको अब तक, उसे क्यूँ घटा रहे हो,
फूलों के होंठ पर क्यों काँटे सटा रहे हो,
जब प्यार नहीं तुमको हमसे भला बता दो,
हाथों पे नाम लिखकर के क्यूँ मिटा रहे हो।

*　*　*

बरसात भी नहीं पर बादल गरज रहे हैं,
सुलझी हुई हैं ज़ुल्फें पर हम उलझ रहे हैं,
मदमस्त एक भँवरा क्या चाहता कली से,
तुम भी समझ रहे हो हम भी समझ रहे हैं।

*　*　*

डाली से रूठकर के जिस दिन कली गयी थी,
बस उसी दिन से अपनी क़िस्मत छली गयी थी,
अंतिम मिलन समझ के उसे देखने गया तो,
था प्लेटफार्म खाली गाड़ी चली गयी थी।

* * *

ज़िद छोड़कर के बातें जब मान लोगे मेरी,
ये हँसी तो कुछ नहीं है, मुस्कान लोगे मेरी,
यूँ सबके सामने मत तिरछी नज़र से देखो,
दिल पहले दे चुका अब, क्या जान लोगे मेरी।

* * *

ये बर्फ का शहर है हम फिर भी जल रहे हैं,
अपना-सा जिनको माना अब वो ही छल रहे हैं,
सबकी नहीं है क़िस्मत फूलों से खेलने की,
बस सोच के यही हम काँटों पे चल रहे हैं।

* * *

तेरी ज़ुल्फ में क़सम से बादल छिपे हुए हैं,
मुझ जैसे जाने कितने पागल छिपे हुए हैं,
क्यूँ ज़ुल्म ढा रहे हो यूँ छेड़कर तराना,
इस भीड़ में बहुत से घायल छिपे हुए हैं।

* * *

व्यर्थ हो एक कोशिश तो दुबारा हम नहीं करते,
खिली कलियों की क़िस्मत पे विचारा हम नहीं करते,
ज़रा फूलों की रंगत और क़िस्मत गौर से देखो,
तितलियाँ पास आतीं खुद पुकारा वो नहीं करते।

* * *

मेरी आँख में हैं आँसू, तुम मुस्करा रहे हो,
टूटे हैं तार दिल के तुम गीत गा रहे हो,
क्या भूल हो गयी जो ये फासला बढ़ा है,
मैं पास आ रहा हूँ, तुम दूर जा रहे हो।

* * *

यूँ जो देखो तो मैं बहक जाऊँ,
और बोलो तो मैं चहक जाऊँ,
फूल देने के बहाने छू लो,
उम्र भर के लिये महक जाऊँ।

*  *  *

आँखों के रास्ते से दिल में उतर गये हो,
खुश्बू की तरह आँगन-आँगन बिखर गये हो,
फूलों का जिस्म जब से नज़रों ने छू लिया है,
हम भी निखर गये हैं तुम भी निखर गये हो।

*  *  *

आँसू के समंदर पर पलकें ढके हुए हो,
सिर रखके मेरे काँधे पर क्यों झुके हुए हो,
रस्ते अलग-अलग और मंज़िल अलग-अलग तो,
जब साथ नहीं चलना फिर क्यों रुके हुए हो।

*  *  *

तपती हुई ज़मीं है जलधार बाँटता हूँ,
पतझर के रास्तों पर मैं बहार बाँटता हूँ,
ये आग का है दरिया जीना भी बहुत मुश्किल,
नफरत के दौर में भी मैं प्यार बाँटता हूँ।


* * *


मेरे दिल के हर सफे पर लिक्खी मेरी कहानी,
इसे स्याही मत समझना मेरी आँख का है पानी,
रस्ता तो एक ही था, मंज़िल भी एक थी पर,
मैंने तो तेरी मानी- तूने न मेरी मानी।


* * *


हम जितने लड़खड़ाये उतने सँभल गये हैं,
पहले तो खँडहर थे अब बन महल गये हैं,
ईमान बदलते हैं, मौसम भी बदलते हैं,
तुम क्यों नहीं बदलते, जब हम बदल गये हैं।


* * *

छाले हैं मुहब्बत के छलनी पड़ा है सीना,
लगता है दिसम्बर भी हमें जून का महीना,
ये प्यार बहुत आसाँ लगता है देखने में,
पर इसको निभाने में है छूटता पसीना।

* * *

दिल में न रख सके तुम मेरा दर्द भी छिपाकर,
खत सारे जला डाले काग़ज़ बता-बताकर,
रह पाऊँगा मैं कैसे आँखों में बनके काजल,
उसको तो चन्द आँसू ले जायेंगे बहाकर।

* * *

ऐ चाँद-सितारो तुम कुछ देर और चमको,
मिल जायेगी तसल्ली भी थोड़ी-सी मेरे मन को,
कोई ज़रा बता दो देखा है जब से उसको,
कोई दूसरा क्यूँ अच्छा लगता नहीं है हमको।

* * *

बातें तेरी शहद-सी तेरा रंग है गुलाबी,
सब कुछ भला-भला है बस एक है खराबी,
तेरी आँख के मयखाने में जो एक बार ठहरे,
दावा है ज़िन्दगी भर कहलायेगा शराबी।

*   *   *

तेवर तो तितलियों ने यहाँ कम नहीं दिखाये,
पर जाम जीत के तो फूलों के हाथ आये,
सूरज का भाग्य देखो आता उषा के संग में,
संध्या से बात करता और निशा के साथ जाये।

*   *   *

अपने तीरो कमान दे बैठे,
हम तो दिल का मकान दे बैठे,
इतने दिन से सँभाले रक्खी थी,
मुफ्त में आज जान दे बैठे।

*   *   *

ख्वाब पलकों पे क्यों सजाते हो,
मुझको दिन में ही क्यों सुलाते हो,
पीठ भारी गमों से पहले ही,
एक गम और क्यों बढ़ाते हो।

* * *

वर्क़ एहसास मोड़ने आयी,
दिल जो टूटा था जोड़ने आयी,
अब भी मंज़र हैं क़ैद आँखों में,
द्वार(गेट) तक जब वो छोड़ने आयी।

* * *

प्यार का वरक़ मोड़कर देखो,
ज़ुल्म का हाथ छोड़कर देखो,
तोप, बारूद, बम क्यों जोड़ रहे,
दिल जो टूटे हैं जोड़कर देखो।

* * *

काँटे हों राह में तो चलने से मत मुकरना,
जीने की आरज़ू में तिल-तिल कभी न मरना,
तेरा जिस्म, ज़हन, दिल को ज़ख्मी किया है जिसने,
वो खुश रहे हमेशा तू ये ही दुआ करना।

* * *

यादों के कारवाँ जब तन्हाई में आते हैं,
हम दर्दे दिल को अपनी आँखों से बहाते हैं,
चन्दा से चाँदनी और फूलों से खुश्बुएँ ले,
हम शहद में डुबोकर एक गीत सुनाते हैं।

* * *

जमीन जल रही है फिर भी चल रहा हूँ मैं,
ख़िजाँ का वक़्त है और फूल-फल रहा हूँ मैं,
हर तरफ आँधियाँ हैं नफरतों की मैं फिर भी,
दिया हूँ प्यार का हिम्मत से जल रहा हूँ मैं।

* * *

आबे ज़मज़म है उधर और इधर गंगा-जल,
इक तरफ गीत की खुश्बू इक तरफ महके गज़ल,
बड़ी मुश्किल में फँसा हूँ किसे देखूँ पहले,
एक तरफ प्यार मेरा एक तरफ ताजमहल।

* * *

मेरे महबूब, ठहर जा तुझे कल देखूँगा,
तुझे पाने की राह और सरल देखूँगा,
कहीं छिप जाये न पूनम का चाँद बादल में,
इसलिए पहले आज ताजमहल देखूँगा।

* * *

जल में जमुना के मैं एक खिलता कमल देखूँगा,
संगेमरमर में तराशी-सी गज़ल देखूँगा,
ताज पत्थर है मगर तुझमें धड़कता दिल है,
पहले देखूँगा तुझे ताज को कल देखूँगा।

* * *

साज खामोश है तुम रागिनी बनकर आना,
स्याह रात है तुम चाँदनी बनकर आना,
बने जो अश्क तो आखों से ही गिर जाओगे,
इनमें बसना है तो फिर रोशनी बनकर आना।

* * *

जिसकी आँखों का हरेक अश्क पिया करता था,
जिसकी मुस्कान पे दिन-रात जिया करता था,
उसके दामन में आज आँसू और उदासी है,
मैं जिसे दिल से कभी प्यार किया करता था।

* * *

किसी पे ऐतबार मत करना,
स्वप्न को तार-तार मत करना,
ये तो दुनिया ही इक छलावा है,
बन्द आँखों से प्यार मत करना।

* * *

थोड़ा कलियों से प्यार कर लेते,
ना खिले तो गुहार कर लेते,
मान जाते तो ठीक था वरना,
तुम ज़रा इंतज़ार कर लेते।

* * *

अश्क आयें अगर तो बहने दो,
थरथरायें अधर तो कहने दो,
गर छुओगे तो टूट जायेगा,
फूल को शाख पर ही रहने दो।

* * *

अब किसी से भी आस मत रखना,
दर्द भी आस-पास मत रखना,
जो भी आये मुझे वो कह लेना,
अपने मन को उदास मत रखना।

* * *

चाँदनी छत पे जब उतारोगे,
तन सजाओगे मन सँवारोगे,
मैं मिलूँगा वहीं कहीं तन्हा,
जिस किसी मोड़ पर उतारोगे।

* * *

चाहे सूखा गुलाब दे देते,
गालियाँ और खराब दे देते,
उम्र-भर देखते न सूरत पर,
मेरे खत का जबाब दे देते।

* * *

तुम ज़रा भी अगर बढ़े होते,
मेरी नज़रों में फिर चढ़े होते,
भूलकर भी न भूलते मुझको,
तुमने खत जो मेरे पढ़े होते।

* * *

ये जो नदिया के दो किनारे हैं,
दरअसल प्यार के ही मारे हैं,
फिर किसी मोड़ पर मिलें शायद,
झूठी उम्मीद के सहारे हैं।

* * *

फूल काँटों में ठन गयी होती,
रात और दिन में तन गयी होती,
तुम न आते जो मेरे जीवन में,
ज़िन्दगी बोझ बन गयी होती।

* * *

तेरे बिना ये ज़िन्दगी उदास-सी लगी,
पन्ने पलट के देखा तो इतिहास-सी लगी,
पहले तो कुछ ऐसा न था पर अब न जाने क्यों,
कुछ तृप्ति-सी लगी तो बहुत प्यास-सी लगी।

* * *

रुसवाइयाँ मिलेंगी यूँ ही ख़त न भेजिए,
पलकों में बेशक़ीमती आँसू सहेजिए,
सह लेंगे जो भी आप हमें कहिए बेहिचक,
यूँ पाँव की उँगली से न मिट्टी कुरेदिए।

* * *

बस एक ही ग्राहक बचा दिल की दुकान में,
सोचा था साथ दोगे तुम ऊँची उड़ान में,
जब यूँ झटक के डाली तोड़ दोगे घोंसला,
पंछी रहेगा फिर कहो किसके मकान में।

* * *

अपने तसुव्वुरात में बुलाइए हमें,
दिल में किसी के दर्द-सा बसाइए हमें,
दिल के सुकूँ को एसे भटकना फ़िज़ूल है,
अपनी ग़ज़ल का क़ाफ़िया बनाइए हमें।

* * *

पीड़ाएँ मन मसोस करके दिल में रह गयीं,
सब वेदनाएँ आँसुओं के साथ बह गयीं,
जो बात उम्र भर न कही आपने हमें,
वो चिट्ठियाँ जो देर से आयीं थीं कह गयीं।


* * *


आप आये तो पुरवाइयाँ चल गयीं,
एक मुस्कान में सर्दियाँ गल गयीं,
ये दहकती छुअन और मेरा चमन,
फूल भी जल गये तितलियाँ जल गयीं।


* * *


तस्वीर ले गये मेरी आँखों में डालकर,
बदले में दे गये मुझे आँसू उबालकर,
उम्मीद पर है टिक रहा इंसान इसलिए,
मैं शर्त लगा लेता हूँ सिक्का उछालकर।


* * *

माहौल गर्म हो तो तुम सर्द बनके देखो,
अन्याय हो रहा हो तो मर्द बनके देखो,
नववर्ष का हर एक दिन शुभ सूचना ही देगा,
जिसका न कोई उसके हमदर्द बनके देखो।

* * *

जुगनू ही रोशनी की पहचान बन जाये,
ये रास्ते का पत्थर भगवान हो न जाये,
जो कुछ दिया है प्रभु ने एहसान मानता हूँ,
बस चाहता यही हूँ अभिमान हो न जाये।

* * *

अपनी ज़ुबाँ से कड़वे तुम तीर छोड़ना मत,
फूलों के रास्तों को काँटों पे मोड़ना मत,
छोटी है उम्र फिर भी कहता मेरा तजुरबा,
जग रूठ जाये लेकिन दिल कोई तोड़ना मत।

* * *

इस साल हमने काँधों पर गम बहुत उठाये,
भूकम्प, बम, सुनामी ने मिलके ज़ुल्म ढाये,
अब अगले साल में प्रभु कुछ ऐसा काम करना,
हर आँख में खुशी हो हर होंठ मुस्कराये।


* * *


मेरे कदम ज़मीं पर और सोच आसमाँ पर,
रहती जो बात दिल में वो ही रहे ज़ुबाँ पर,
जो प्यार से खरीदो बिक जाऊँ मुफ्त में ही,
वरना बहुत ही ऊँची क़ीमत मेरी यहाँ पर।


* * *


दीपावली थी गुमसुम मन ईद का था भारी,
लो मौत फिर से जीती और ज़िन्दगी है हारी,
आतंक या सुनामी, भूकम्प या प्रलय में,
जो चल बसे हैं उनको श्रद्धांजली हमारी।


* * *

जो अपने घर में बेबस चीखें सजा रहे हैं,
और प्यार के बरतन में नफरत पका रहे हैं,
जो बम बना रहे हैं मासूम से बच्चों को,
किस खून से हैं पैदा सबको बता रहे हैं।

* * *

दौलत की होड़ में क्यों रिश्ते गँवा रहे हो,
गमलों में प्यार के क्यों कैक्टस लगा रहे हो,
हर ओर हैं अँधेरे गुम हो गयी मुहब्बत,
जलते हुए दिये की क्यों लौ बुझा रहे हो।

* * *

सच सामने खड़ा है पलकें उठाके देखो,
पत्थर भी रो पड़ेंगे दिल से बुलाके देखो,
दीपावली में आँगन की धूल झाड़ते क्यों,
रिश्तों पे जो जमी है उसको हटा के देखो।

* * *

प्यार के फूल खिलगे ये शाख मत तोड़ो,
ढक न जाये ये सर कि ज़ुल्म इतने मत ओढ़ो,
जोड़ते क्यों हो चाकू छुरियाँ और बन्दूकें,
जोड़ना है अगर तो टूटे दिल सभी जोड़ो।

* * *

दिलों में प्यार का जो सिलसिला नहीं रखते,
कर गुज़रने का कोई ज़लज़ला नहीं रखते,
जंग तो सबके लिए एक जैसी होती है,
हारते हैं वही जो हौसला नहीं रखते।

* * *

आसमाँ छू लो गर कभी तो फूल मत जाना,
ये हिण्डोला गुरूर का है झूल मत जाना,
याद मत रखना जो करो कभी भला कोई,
जो तुम्हारा करे भला तो भूल मत जाना।

* * *

चाहते हो खुली हवा तो खिड़कियाँ खोलो,
बोलना है तो फिर शहद ज़ुबान में घोलो,
झूठ यूँ बोलना गलत है पाप है फिर भी,
जो कोई जान बच सके तो शौक से बोलो।

* * *

कुछ पपीहे तरस रहे हैं और तरसेंगे,
स्वाति की बूँद गर मिले तभी तो बरसेंगे,
ऐसा सोचा न था कि आज मेरे आँगन में,
मेघ गरजेंगे यूँ उमड़-घुमड़ के बरसेंगे।

* * *

बनेगी बात नयी सोच बदल के देखो,
रहो कहीं भी मगर ख्वाब महल के देखो,
खुलेंगी खिड़कियाँ और आसमाँ अपना होगा,
ज़रा हिम्मत करो और घर से निकलके देखो।

* * *

कुछ इस तरह से ज़िन्दगी के ताश फेंटे हैं,
वो लोग और ही होंगे जो मद में ऐंठे हैं,
हमको शोहरत मिली, इज़्ज़त मिली दौलत फिर भी,
हम बुजुर्गों के सिरहाने कभी न बैठे हैं।

* * *

महकेगा तन तुम्हारा, तुम दिल लगा के देखो,
फूलों से भर लो दामन, डाली हिला के देखो,
दो सौ गुना अँधेरा और दीप सिर्फ दो हैं,
एक हम जला के देखें एक तुम जला के देखो।

* * *

बड़ी मुश्किल से कोई सुबह मुस्कराती है,
गम की हर रात दबे पाँव चली आती है,
वक्त लगता ही नहीं ज़िन्दगी बदलने में,
पर बदलने में वक्त ज़िन्दगी लग जाती है।

* * *

ये नयीं बात लग रही मगर पुरानी है,
हमारी आपकी सबकी यही कहानी है,
जो हम न पा सके वो ग़लतियाँ हमारी हैं,
जो हमने पा लिया वो रब की मेहरबानी है।

*　*　*

जिन्दगी अपनी बना लीजिए हवन की तरह,
प्यार गैरों पे भी बरसाइए सावन की तरह,
कल को औलाद देख सकती है चेहरा इसमें,
खुद को रखिएगा साफ पोंछ के दरपन की तरह।

*　*　*

हम नहीं जानते तुमको तो खूब आता है,
जाने क्यों आदमी अपनों से ऊब जाता है,
जाने वालो सुनो पश्चिम की तरफ मत भागो,
उस तरफ जा के तो सूरज भी डूब जाता है।

*　*　*

दिल में प्यारा-सा एक गाँव बसाते रहिए,
भटक चुके हैं उन्हें राह पे लाते रहिए,
ज़िंदगी बोझ न बन जाये इन तनावों में,
मौक़ा मिलते ही खूब हँसते-हँसाते रहिये।

* * *

जो हाथ थाम लो वो फिर न छूटने पाये,
प्यार की दौलतें कोई न लूटने पाये,
जब भी छू लो बुलंदियाँ तो ध्यान ये रखना,
ज़मीं से पाँव का रिश्ता न टूटने पाये।

* * *

अपने रिश्तों से कभी तुम जो रूठ जाओगे,
आगे रहकर भी बहुत पीछे छूट जाओगे,
तोड़ना मत कोई वादा जो तुम अपनों से करो,
वरना यादों में बहुत उनकी टूट जाओगे।

* * *

दिल की गागर को नेकियों के जल से भर डालो,
खामियाँ खुद की हों न दूसरों के सर डालो,
बात 'गर हो बुरी तो दूर ही रहो उससे,
कोई भी काम हो भला तो उसको कर डालो।

* * *

बात अनमोल है बहुत ये ज़िंदगी के लिये,
मैं बताता हूँ फलसफा ये हर किसी के लिये,
पोंछ सकते हो तो किसी के पोंछ दो आँसू,
ना जियो तुम फकत तुम्हारी ही खुशी के लिये।

* * *

दिल में जो चल रहा वही जुबान पर आता,
बात बेबाक बिन कहे रहा नहीं जाता,
आदमी आईने के सामने सँवर ले बहुत,
जिंदगी साफ आईने-सी रख नहीं पाता।

* * *

.

जमीन पाँव में सर आसमान रखते हैं,
कौन है अपना-पराया ये ध्यान रखते हैं,
रहे जो चुप तो ये दुनिया नहीं जीने देगी,
बता दो सबको कि हम भी ज़बान रखते हैं।

* * *

एक खुश्बू की तरह मैं सुमन में रहता हूँ,
मस्त रहता हूँ सदा अपनी धुन में रहता हूँ,
हूँ उसके दिल में जो पसन्द कर रहा है मुझे,
जो नापसंद करे तो ज़हन में रहता हूँ।

* * *

ये तो सच बात है गरीबों में हिम्मत नहीं,
लोग मध्यम हैं जो उनको तो फुरसत नहीं,
कौन लायेगा बदलाव फिर मुल्क में,
इन अमीरों को इसकी ज़रूरत नहीं।

* * *

जिन्हें हम जोड़ते हैं वो ही तोड़ देते हैं,
खिलौने ख़्वाब के पल भर में फोड़ देते हैं,
भरोसा ख़ुद पे ही रखकर हुनर ये सीखा है,
सहारे कैसे भी हों साथ छोड़ देते हैं।

* * *

वो हैं दरवेश जो ख़ुद से ही जुदा होते हैं,
इनके दो बोल भी जीने की दुआ होते हैं,
एक ही दर पे हो सजदा तो सुकूँ मिलता है,
हैं भटकते वही दो जिनके ख़ुदा होते हैं।

* * *

प्यार का गीत सभी मिल के क्यों नहीं गाते,
बात छोटी-सी मगर क्यों नहीं समझ पाते,
गर किसी को भी जुदा करना यूँ सरल होता,
रूह को जिस्म से लेने न फ़रिश्ते आते।

* * *

मन हो रूठा तो दिल उदास पड़ा होता है,
टूटे मन से न कोई उठके खड़ा होता है,
खिड़कियाँ खोल दो कि आयें हवा और किरणें,
छोटे मन से न कोई शख़्स बड़ा होता है।

* * *

काम कोई हो कभी जी नहीं चुराना है,
पत्थरों को भी हमें देवता बनाना है,
हम परिन्दे जो उड़े आसमाँ को छू लेंगे,
सीढ़ियाँ उनके लिए जिनको छत पे जाना है।

* * *

जिसपे बैठे हैं वो डाल मत काटिए,
दो दिलों में बनी खाइयाँ पाटिए,
आप रोये अगर ग़म घटेगा नहीं,
पास खुशियाँ हैं जितनी उन्हें बाँटिए।

* * *

बात जो भी करो तो सिरे से करो,
हो सके तो ज़मीं पर गिरे से करो,
मन की मर्ज़ी करोगे बिगड़ जायेगा,
काम जो भी करो मशविरे से करो।

* * *

वक़्त की लय से खुद को मिलाकर चलो,
भाग्य ने जैसे ढाला है वैसे ढलो,
मेरा दावा है महकेगा सारा जहाँ,
प्यार सबसे करो मत किसी से जलो।

* * *

शाख रिश्तों की अगर टूट के झुक जायेगी,
प्यार की बहती हुई ये नदी रुक जायेगी,
फेंकिएगा ना अगर पास हो पानी गंदा,
प्यास चाहे ना बुझे आग तो बुझ जायेगी।

* * *

देख कर दूसरों को सँभलते नहीं,
दर्द की आँच में भी पिघलते नहीं,
हर क़दम पे हैं खाते वही ठोकरें,
देख करके ज़मीं पर जो चलते नहीं।

* * *

बात वो ही सही जो मुँह पे कही जाती है,
सच नहीं वो जो दूसरों से सुनी जाती है,
उम्र और धन पे तुम कभी गुरूर मत करना,
खत्म होती है वो जो चीज़ गिनी जाती है।

* * *

जिनकी वजह से आज दीवाली व ईद हैं,
ये सब निगाहें आज उन्हीं की मुरीद हैं,
मेरे तमाम गीत उन्हीं पर निसार आज,
सरहद पे जाके आज हुए जो शहीद हैं।

* * *

आईना देखते नहीं मगर दिखाते हैं,
न जाने रेत पर वो नाव क्यों चलाते हैं,
वो अकलमंद हैं जो खुद को मानते छोटा,
वो हैं नादान जो खुद को बड़ा बताते हैं।

* * *

निभा सकें जो सलीके से वो वादा करिये,
काम मुश्किल है मगर पक्का इरादा करिये,
अपने दुश्मन से अगर चाहें जो बदला लेना,
उसपे एहसान तो फिर हद से जियादा करिए।

* * *

बहुत ही कम हैं ज़माने में दिल जो जोड़ेंगे,
मिलेंगे प्यार से पर गरदनें मरोड़ेंगे,
जो दोस्त संग चलें बन के काँच और साया,
कभी न झूठ कहेंगे न साथ छोड़ेंगे।

* * *

दिल की गागर को नेकियों के जल से भर डालो,
खामियाँ खुद की हों न दूसरों के सर डालो,
हर बुरी बात से तो दूर ही रहना अच्छा,
कोई भी काम हो भला तो उसको कर डालो।

* * *

कभी कभी ये ज़िन्दगी बहुत रुलाती है,
नदी की धार भी उलट दिशा बहाती है,
गरीब देखते हैं ख्वाब उन ही महलों के,
अमीर को भी जहाँ नींद नहीं आती है।

* * *

कर्म पाण्डव न हुआ फल सदा कौरव होगा,
हारकर बैठ गये कुछ नहीं सम्भव होगा,
जो भी मिलती है चुनौती उसे स्वीकार करो,
गर सफलता न मिली तो नया अनुभव होगा।

* * *

एक खुशबू की तरह मैं सुमन में रहता हूँ,
मस्तमौला हूँ सदा अपनी लय में बहता हूँ,
हूँ उसी दिल में जिसे मैं पसंद धड़कन-सा,
गर जहन में जो रखो रेत-सा मैं ढहता हूँ।

* * *

जब भी मिलते हैं मुसीबत में डाल देते हैं,
इस तरह से वो मेरा दिल खँगाल देते हैं,
इस तरह डालते हैं मुझपे व नज़रें अपनी,
यार आँखों से कलेजा निकाल लेते हैं।

* * *

कोई भी बात तल्ख़ हो तो इनसे मत कहना,
ये हवाएँ हैं पाक इनके संग ही बहना,
तूने जब पहली साँस ली जो पास तेरे थे,
उनकी जब साँस आख़िरी हो पास में रहना।

* * *

निगाहें दूर से ही दिल पे वार करती हैं,
दुआ मिले तो असर बेशुमार करती हैं,
जो नेकियाँ करें दरिया में डाल दें उनको,
वही तो कश्तियाँ बन करके पार करती हैं।

* * *

करे न कद्र जो उसको गुलाब मत देना,
पढ़े न जो उसे दिल की किताब मत देना,
जो अपने दिल की हर इक बात तुमसे कहता है,
कभी दिमाग से उसको जवाब मत देना।

* * *

कोई भी ख्वाब मेरी आँख में नहीं पलता,
आस का दीप जलाता हूँ पर नहीं जलता,
हाथ में मेरे लिखी यूँ तो है मेरी तकदीर,
फिर भी तकदीर पे मेरा ही बस नहीं चलता।

* * *

ताश का ये महल घर न कह पाऊँगा,
झील को मैं समंदर न कह पाऊँगा,
ज़िंदगी की लड़ाई लड़े बिन बता,
तुझको कैसे सिकंदर मैं कह पाऊँगा।

* * *

मोम तो क्या यहाँ पत्थर भी पिघल जाते हैं,
हो ज़रा देर तो मौसम भी बदल जाते हैं,
मैं ये कहता हूँ कि मिट्टी में पकड़ होती है,
संगमरमर पे सदा पाँव फिसल जाते हैं।

* * *

रेत का घर ढहे तो फिर उसे बनाता हूँ,
उसमें खुशियों के फूल-पत्तियाँ सजाता हूँ,
सारे रिश्तों की क़द्र है बहुत मेरे दिल में,
मैं जताता नहीं बस उम्र भर निभाता हूँ।

* * *

झूठ और सच में बहुत फ़ासला नहीं होता,
चाहने भर से भला और बुरा नहीं होता,
हाँ वही लोग उठाते हैं उँगलियाँ हम पर,
हमको छूने का जिनमें हौसला नहीं होता।

* * *

दिल में प्यारा-सा एक गाँव बसाते रहिए,
राह भटके हुओं को राह पे लाते रहिए,
इन तनावों में ज़िंदगी न कहीं बोझ बने,
मौका मिलते ही खूब हँसते-हँसते रहिए।

* * *

है सही यार वो जो मुँह पे बोल देता है,
है खतरनाक जो मिश्री-सी घोल देता है,
जिसपे हम आँख बंद करके भरोसा करते,
वो ही आकर हमारी आँख को खोल देता है।

* * *

मैंने सूरज भी सरे शाम को ढलते देखा,
और समंदर भी यहाँ आग उगलते देखा,
मैं अहंकार कभी खुद पे नहीं करता हूँ,
मैंने राजाओं को शमशान में जलते देखा।

* * *

कई तो ठोकरें खाने ही उधर जाते हैं,
कुछ उनको खाये बिना यूँ ही सुधर जाते हैं,
हरेक शख़्स पे आती है मुसीबत यारो,
कुछ बिखर जाते और कुछ तो निखर जाते हैं।

* * *

ज़ुबान रुक गयी हालात को कहते-कहते,
ये अश्क सूख गये आँख से बहते-बहते,
कहो खफा है खुदा या इसे भूकम्प कहो,
ज़मीन थक गयी है ज़ुल्म को सहते-सहते।

* * *

किसी के बोल हैं मिश्री किसी के नश्तर हैं,
जो कर रहे हैं दिखावा वो लोग कमतर हैं,
उन्हें भी करना मुहब्बत जिन्हें जलन तुमसे,
वो खूब जानते हैं आप उनसे बेहतर हैं।

*  *  *

तेरी यादों को दफ़्न करके जी रहे हैं हम,
गम के प्यालों को मुस्कुरा के पी रहे हैं हम,
दिख न जायें कहीं ये अश्क इस ज़माने को,
ज़ख़्म चुपचाप इसलिए ही सी रहे हैं हम।

*  *  *

ज़िन्दगी के खेल में अब क्या भला बाकी रहा,
टूटकर बिखरा बहुत पर हौसला बाकी रहा,
की बहुत कोशिश हमेशा इश्क को मंज़िल मिले,
पर हमेशा दो कदम का फासला बाकी रहा।

*  *  *

ये फूल शाख खिलते हैं खिल के झर जाते,
ये राग-रंग मेरे मन को अब नहीं भाते,
ये क्या हुआ है कि कुछ दिन से मेरी नींदों में,
तुम्हारे ख़्वाब जो आते थे अब नहीं आते।

*    *    *

नफरतों के मैं सभी बाब (पन्ने) जला आऊँगा,
बेड़ियाँ प्यार के शरबत में गला आऊँगा,
दिल से तुम याद करोगी तो मेरा वादा है,
तुमसे ख़्वाबों में ही मिलने मैं चला आऊँगा।

*    *    *

वीरानियाँ भी गम के नगमे सुना रही हैं,
ये बदलियाँ भी हम पर आँसू बहा रही हैं,
बेचैन हूँ बहुत मैं क्यों आज मेरे दिल में,
खामोशियाँ तुम्हारी हलचल मचा रही हैं।

*    *    *

जितने भी मिले ज़ख़्म मैंने सब छिपा लिये,
आँसू के समंदर सभी अंदर सुखा लिये,
चिंता न करो हम तो सँभल जायेंगे पर आप,
कंधे से सरकता ये दुपट्टा सँभालिए।

* * *

तुम्हारी ज़ुल्फ़ के जैसा सँवर नहीं सकता,
वो अश्क हूँ मैं जो दिल में उतर नहीं सकता,
जहाँ में फूल के जैसा मैं खिल तो सकता हूँ,
हवा बगैर महक-सा बिखर नहीं सकता।

* * *

मैं खेलता हूँ और खुद ही चोट खाता हूँ,
ग़मों की बारिशों में खूब भीग जाता हूँ,
मैं ढल सका न कभी भी किसी भी साँचे में,
चलो खुद अपने लिए साँचा इक बनाता हूँ।

* * *

दिल ये बीमार सही हो वो दवाएँ दे दे,
सब पे बस प्यार लुटाऊँ ये दुआएँ दे दे,
ऐ मेरे रब मैं हर इक साँस में महकूँ घुलकर,
मेरी आवाज़ की ख़ुशबू को हवाएँ दे दे।

*　*　*

मुहब्बतों के ज़ख़्म लेके उड़ न पायेगा,
ये हंस प्यार की डगर से मुड़ न पायेगा,
मैं उनपे कैसे एक बार फिर यकीं कर लूँ,
जो टूटकर बिखर गया वो जुड़ न पायेगा।

*　*　*

तब न दिखता था जो वो अब दिखायी देता है,
तुझमें क्या कुछ है मुझे सब दिखायी देता है,
मूँदकर पलकें मैं जब तुझको कभी सोचूँ हूँ,
जाने क्यूँ तुझमें मुझे रब दिखायी देता है।

*　*　*

फूल खिल जायें तो गुलशन महक ही जायेंगे,
इस बियाबान में पंछी भी चहचहायेंगे,
मेरी आँखों को बहुत इंतज़ार रहता है,
नींद आयेगी तो सपने भी लौट आयेंगे।

* * *

मेरे गीतों को मेरा यार ग़ज़ब गाता है,
मेरे लफ़्ज़ों की ज़बाँ को वो समझ जाता है,
एक-दूजे के लिए ज़िन्दगी जी है हमने,
फूल--खुश्बू की तरह हममें रहा नाता है।

* * *

किसी भी दर्दमंद को जो दवाई देते,
तो तुमको ग़ैर के ताने न सुनायी देते,
है दिल में रब जो कहा दिल का अगर करते तुम,
तो आज इतने परेशाँ न दिखायी देते।

* * *

जिसे तू छू ले वो हो नामचीन सकता है,
ग़मों के ढेर से ख़ुशियों को बीन सकता है,
भले है दूर दिखायी भी नहीं दे फिर भी,
तेरा एहसास मुझसे कौन छीन सकता है।

* * *

बेवजह लोग अदावत की बात करते हैं,
जब भी करते हैं शिकायत की बात करते हैं,
एक ये हैं इन्हें फुरसत नहीं सियासत से,
एक हम हैं कि मोहब्बत की बात करते हैं।

* * *

मेरी सुबह को रखो मुझको दोपहर दे दो,
शहद के बदले मुझे अपने सब ज़हर दे दो,
दुआ है सात समंदर भी लाँघ जाओ तुम,
मेरी ये कश्तियाँ ले लो मुझे भँवर दे दो।

* * *

सुबह भजन तो शाम गीत ग़ज़ल गायेगी,
तुम्हारी खुशबुओं के साथ हवा आयेगी,
अगर हँसे तो खिल ही जायेगा गुलशन सारा,
हुए खफा तो क़ायनात झुलस जायेगी।

*   *   *

मेरे बारे में पूछ लो ज़रा बहारों से,
कोई झगड़ा नहीं है मेरा चाँद तारों से,
हूँ समंदर समेट लूँ तुझे अभी दरिया,
तू ज़रा छोड़ना तो मोह इन किनारों से।

*   *   *

जो भी अनपढ़ हैं मैं उन्हें पढ़ा-लिखा दूँगा,
आँधियों से दियों को जूझना सिखा दूँगा,
अब ज़रूरत नहीं मुझे किसी सहारे की,
अपने पैरों पे चलके मैं तुम्हें दिखा दूँगा।

*   *   *

मेरी ग़ज़ल को अगर रोज़ गुनगुनाओगे,
जहाँ कहीं भी गये छाप छोड़ आओगे,
अभी मिले ही नहीं एक बार मिल तो लो,
यकीन है कि मुझे तुम न भूल पाओगे।

*　*　*

किसी फ़क़ीर का कोई भी घर नहीं होता,
किसी भी हाल में वो चश्मेतर नहीं होता,
गरीब ज़िन्दगी की एक ये ही नेमत है,
किसी भी चीज़ के खोने का डर नहीं होता।

*　*　*

तू जीत जाये तो मैं बार बार हारूँगा,
ख़ुशी के आँसुओं से आरती उतारूँगा,
मेरी दुआ है ये तू आसमान हो जाये,
ज़मी से मैं तेरी ऊँचाइयाँ निहारूँगा।

*　*　*

ग़मों की शाख पर मैं कैसे गुल खिलाऊँगा,
हो साज बेसुरा तो गीत कैसे गाऊँगा,
सुधार लूँ मैं पहले खामियाँ ज़रा अपनी,
तभी तो आपकी मैं गलतियां गिनाऊँगा,

*   *   *

यूँ तो कुछ भी नहीं होता है ज़हर से मुझको,
कोई भी खौफ न कैसे भी कहर से मुझको,
पास जाने से नदी के मैं मगर डरता हूँ,
देखती है वो बहुत प्यासी नज़र से मुझको।

*   *   *

तू फूल बनके खिले तो बहार हो जाऊँ,
तू सुर सजाये तो मैं भी सितार हो जाऊँ,
सजा लूँ मैं तुझे मूरत की तरह मंदिर में,
बने जो नग़मा तो नग़मानिगार हो जाऊँ।

*   *   *

मेरा मन है जहाँ भी बात हो तुम्हारी हो,
सभी की आँख में बस प्यार की खुमारी हो,
गुलों की तरह मैं तो टूटने का आदी हूँ,
तुम्हारी तोड़ने वालों में ना-शुमारी हो।


* * *


आपके नाम ने ही बंद हिचकियाँ कर दीं,
धूप के होंठ पे पानी की बदलियाँ कर दीं,
हर तरफ फूल हैं, खुशबू है, खुशनुमा मौसम,
आपने जून के मौसम में सर्दियाँ कर दीं।


* * *


उसको देखा था तो आँखों में चमक आज भी है,
बिन छुए पंखुड़ी हाथों में महक आज भी है,
देने वाले ने मुझे जो भी दिया खूब दिया,
फिर भी मीठी-सी कहीं दिल में कसक आज भी है।


* * *

तुमको छू लूँ जो नज़र से तो बहक जाऊँगा,
सोच लूँ तुमको अगर तो मैं दहक जाऊँगा,
रात को रोज़ ही ये सोच के सो जाता हूँ,
ख़्वाब में तुम चले आओ तो महक जाऊँगा।

* * *

गुलशन की नर्म कलियाँ कोई छाँट ले न जाये,
इंसानियत की ख़ुशबू कोई बाँट ले न जाये,
करुणा की इस धरा में खुशियों का खाद पानी,
इस प्यार की फसल को कोई काट ले न जाये।

* * *

एक लम्हा सभी की ज़िन्दगी में आता है,
लाख समझाऊँ मगर कुछ समझ न पाता है,
जब कभी अपने दिल की मैं सदाएँ सुनता हूँ,
कोई कानों में तेरा नाम फुसफुसाता है।

* * *

राजे दिल कहने का आग़ाज़ नहीं करते हैं,
अनसुने रह के भी नाराज़ नहीं करते हैं,
इनके गिरने से कहाँ शोर बहुत होता है,
अश्क गिरते हैं तो आवाज़ नहीं करते हैं।

* * *

हर जन रहे सलामत वो मन्त्र हमें दे दो,
दुश्मन की जड़ कटें सब वो यंत्र हमें दे दो,
ऐ रहनुमाओ! तुमसे बस इतनी अपेक्षा है,
इक साफ और सुथरा गणतंत्र हमें दे दो।

* * *

हम खा गये हैं ठोकर पर आप तो सँभलते,
सच्चाई की डगर पर बेख़ौफ़ आप चलते,
काग़ज़ के नोट ताना दे हमसे कह रहे हैं,
इंसान गर बदलता तो हम नहीं बदलते।

* * *

ये खास है घड़ी और है खास इक महूरत,
दो दिल जुड़ेंगे आया है वक़्त खूबसूरत,
मत लाइएगा तोहफ़े बस आप खुद पधारें,
बस आपकी दुआओं की है हमें ज़रूरत।


*   *   *


उनकी ज़िद है हमें मदहोश करके मानेंगे,
सोये जज़्बात में वो जोश भरके मानेंगे,
बेखबर हैं वो हमारी ज़मीन से शायद,
देखना हम उन्हें खामोश करके मानेंगे।


*   *   *


जो हमें कीमती वक्त अपना दिया,
सच कहें आपने हमको अपना लिया,
मेरा दिल कह रहा है खुशी से यही,
शुक्रिया, शुक्रिया, शुक्रिया, शुक्रिया।


*   *   *

कलियों पे जवानी हो हर फूल मुस्कुराये,
हर रात रागिनी हो हर दिन ये गुनगुनाये,
हालात देख करके मेरा मन ये कह रहा है,
हर रोज़ दिवाली और हर रोज़ ईद आये।

* * *

प्रेम के पर्वतों को भी चढ़ लेंगे हम,
वक्त की हर लकीरों को पढ़ लेंगे हम,
साथ मिल जाये तो हम नये साल में,
बन के दीपक हवाओं से लड़ लेंगे हम।

* * *

ऐ खुदा तू मेरे ऊपर रहम ज़रा कर दे,
ग़म की परछाइयों से दूर ये धरा कर दे,
जिससे सारा जहाँ मुझको खुशनुमा दीखे,
मेरी आँखों की पुतलियों का रंग हरा कर दे।

* * *

यही दुआ है मेरी सब ही फूलिए फलिए,
होड़ करिए न बिना बात किसी से जलिए,
कोई वाहन हो या हो कोई शख्स अंजाना,
मेरी सलाह बना करके दूरियाँ चलिए।

*　*　*

कभी मिले जो ख़ुशी मन में फूल जाता हूँ,
दिल की लहरों के झूलने में झूल जाता हूँ,
मैं देखता हूँ तुमको जब भी मुस्कुराते हुए,
प्यार के क़ायदे-क़ानून भूल जाता हूँ।

*　*　*

चिराग़ आँधियों में तुमको जलाना होगा,
न जलेगा तो कहूँगा ये बहाना होगा,
अगर हो शौक देखने का तबाही मेरी,
निकल के फ्रेम से बाहर तुम्हें आना होगा।

*　*　*

प्यार का ज़ख़्मी परिंदा है उड़ न पायेगा,
चिराग तेज़ आँधियों से लड़ न पायेगा,
वो कैसे मुझपे एक बार फिर यकीं कर ले,
जो टूटकर बिखर गया वो जुड़ न पायेगा।

* * *

आजकल आप छत पे कम दिखायी देते हो,
गम में डूबे हुए हरदम दिखायी देते हो,
जब इबादत के लिये आँख बंद करता हूँ,
न जाने तब कहाँ से तुम दिखायी देते हो।

* * *

खुद को अपने से दूर करके बहुत रोये हैं,
आज गंगा में गुनाहों के हाथ धोये हैं,
रोज़ जल-जल के बुझे करवटें बेचैन रहीं,
जगे हुए थे बहुत दिन के आज सोये हैं।

* * *

मैं जा रहा हूँ उधर अपने गम इधर दे दो,
मैं मुश्किलों में हँसूँ हिम्मत-ओ-हुनर दे दो,
मेरी दुआ है बढ़ो आसमाँ से आगे तुम,
मेरी तसल्लियाँ ले लो मुझे फिकर दे दो।

*  *  *

मैं माँगूँ फूल अगर तो वो खार देता है,
कोई दुश्मन नहीं वो मेरा यार देता है,
न तो आँखों में न बातों में ना ही हाथों में,
कोई खंज़र ही नहीं फिर भी मार देता है।

*  *  *

मेरी खुशियों से ग़मों की क्यों शादियाँ कर दीं,
चिराग़ जलने से पहले ही आँधियाँ कर दीं,
अभी-अभी तो मुहब्बत का रंग बरसा था,
हमारे बीच में ये किसने दूरियाँ कर दीं।

*  *  *

ये वो दौलत जो कभी भी नहीं खो सकती है,
अब मेरी आँख कभी भी नहीं रो सकती है,
जिन खयालों में बसी आपकी ही खुशबू हो,
वो मुलाकात कैसे आखिरी हो सकती है।

* * *

एक दिन छोड़ के नहीं ये रोज़ आती है,
आपकी याद गम के सौ दिये जलाती है,
इश्क में दिन गुज़रते हैं सभी चहकते से,
मुश्किलों से मगर एक रात गुज़र पाती है।

* * *

हौसला पास अगर हो तो खुदा पर देगा,
मुहब्बतों का कबूतर उड़ान भर लेगा,
प्यार तो यार सर्दियों की तरह होता है,
जिसको हो जायेगा बीमार उसे कर देगा।

* * *

दिन में पाता हूँ जो वो रात में खो देता हूँ,
मैं अपने सुख को दुःख की रेत में बो देता हूँ,
रोज़ जमती है धूल फाइलों पे यादों की,
रोज मैं आँसुओं की धार से धो देता हूँ।

*   *   *

मैं आब माँगता हूँ क्यों शराब देते हो,
चिराग चाहता हूँ आफताब देते हो,
छुपायी आपने क्या दिल में कोई चोरी है,
जो इक सवाल के दस-दस जवाब देते हो।

*   *   *

मुश्किलों में नहीं जो हारी है,
आज वो बन गयी बिचारी है,
एक माँ ने तो चार पाल दिये,
चार को एक माँ ही भारी है।

*   *   *

घर पे गंगा सी उतर आती है,
तृप्त तन-मन को कर सी जाती है,
दूर होती है सब थकन मेरी,
सर पे जब हाथ माँ फिराती है।


* * *


क्यों प्यार के गमलों में केक्टस लगा रहे हो,
जलते हुए दीपक की क्यों लौ बुझा रहे हो,
हर ओर अँधेरे हैं गुम हो गयी मुहब्बत,
दौलत की होड़ में क्यों रिश्ते गँवा रहे हो।


* * *


सच सामने खड़ा है पलकें उठा के देखो,
पत्थर भी रो पड़ेंगे ज़रा दिल लगा के देखो,
क्यों साफ कर रहे हो ये धूल दिवाली पर,
रिश्तों पे जो जमी है उसको हटा के देखो।


* * *

प्यार के फूल खिलेंगे ये शाख मत तोड़ो,
कहीं ढक जाये न सर ज़ुल्म इतने मत ओढ़ो,
क्यूँ जोड़ते हो छुरी-चाकू और ये बन्दूकें,
जोड़ना है अगर तो टूटे दिलों को जोड़ो।

*   *   *

बदलते वक्त में ये कैसा दौर आया है,
हमीं से दूर हो रहा हमारा साया है,
आज हम उनकी ज़ुबाँ पे लगा रहे बन्दिश,
जिन बुज़ुर्गों ने हमें बोलना सिखाया है।

*   *   *

लकीरें हाथ की जो अपनी पढ़ नहीं सकते,
हवा खिलाफ हो तो उससे लड़ नहीं सकते,
जो अपने घर के बुज़ुर्गों की करे अनदेखी,
मेरा दावा है कि वो आगे बढ़ नहीं सकते।

*   *   *

कुछ इस तरह से ज़िन्दगी के ताश फेंटे हैं,
वो लोग और ही होंगे जो मद में ऐंठे हैं,
हमको शोहरत मिली, इज़्ज़त मिली, दौलत फिर भी,
हम बुज़ुर्गों के सिरहाने कभी न बैठे हैं।

* * *

हम तो वरदान को भी शाप समझ बैठे हैं,
सामने पुण्य है और पाप समझ बैठे हैं,
पहले माँ-बाप को दौलत ही समझते थे हम,
आज दौलत को ही माँ-बाप समझ बैठे हैं।

* * *

वो भी क्या दिन थे खयालों में ही खो जाते थे,
कोई मज़ाक़ भी करता था तो रो जाते थे,
आज तो गोलियाँ खाके भी जागते रहते,
पहले तो माँ की लोरियों से ही सो जाते थे।

* * *

जिसको देखो वो सज़ा देता है,
दोस्त बनकर के दग़ा देता है,
वो तो माँ-बाप का है दिल वरना,
मुफ़्त में कौन दुआ देता है।

*  *  *

दिल के ज़ख़्मों को ढक नहीं सकते,
माँग वो अपना हक़ नहीं सकते,
एक माँ चार पाल सकती है,
चार इक माँ को रख नहीं सकते।

*  *  *

जिनको कहता है तू अभागे हैं,
तेरी नींदों के लिये जागे हैं,
इतना मद में क्यों चूर होता है,
तेरे बेटे भी तेरे आगे हैं।

*  *  *

माहौल गर्म हो तो तुम सर्द बनके देखो,
अन्याय हो रहा हो वहाँ मर्द बनके देखो,
नये साल का हरेक दिन शुभ सूचनाएँ देगा,
जिसका न कोई उसके हमदर्द बनके देखो।

* * *

यूँ मेरे पास में खड़े क्यों हो,
एक ही बात पर अड़े क्यों हो,
इसमें मुश्किल है, ग़म है, आँसू हैं,
इश्क़ बेकार तुम पड़े क्यों हो।

* * *

गये साल हमने काँधों पर ग़म बहुत उठाये,
भूकम्प, बम, सुनामी ने मिल के ज़ुल्म ढाये,
अब अगले साल में प्रभु कुछ ऐसा काम करना,
हर आँख में खुशी हो हर होंठ मुस्कराये।

* * *

मेरे पाँव हैं ज़मीं पर और सोच आसमाँ पर,
रहती जो बात दिल में वो ही रहे ज़ुबाँ पर,
कोई प्यार से खरीदे बिक जाऊँ मुफ्त में ही,
वरना बहुत ही ऊँची क़ीमत मेरी यहाँ पर।

* * *

दीपावली थी गुमसुम मन ईद का था भारी,
लो मौत फिर से जीती और ज़िन्दगी है हारी,
भूकम्प या सुनामी या बम के धमाकों में,
जो चले गये हैं उनको श्रद्धांजली हमारी।

* * *

चाँद भी दाग़ धो नहीं सकता,
अपनी पहचान खो नहीं सकता,
तुम तो मीरा भले ही हो जाओ,
पर मैं घनश्याम हो नहीं सकता।

* * *

7

एकतरफ़ा ये प्रीत मत लिखना,
आँसुओं से ये जीत मत लिखना,
दिल तो नाज़ुक किताब है प्यारे,
इसमें काँटों से गीत मत लिखना।


* * *


जग की बदनामियों से डरती हो,
अपनी ही खामियों से डरती हो,
प्यार जब हमने कर लिया तुमसे,
फिर क्यों बदनामियों से डरती हो।


* * *


अपने जीवन में जिसने योग को नहीं साधा,
मेरा दावा है हर क़दम पे मिलेगी बाधा,
जब बजे बाँसुरी तो भूल अपनी सुधि देखो,
कृष्ण को ढूँढ़ने जाओगे सँग मिले राधा।


* * *

कोई मुझसे कहे तो उम्र-भर न बोलूँगा,
इक इंतज़ार में आँख खोल सो लूँगा,
आओ घर कृष्ण तो राधा को संग में लाना,
अकेले दीखे तो दरवाज़ा नहीं खोलूँगा।

* * *

कुछ पपीहे तरस रहे हैं और तरसेंगे,
स्वाति की बूँद मिलेगी तभी तो बरसेंगे,
कभी सोचा भी न था आज मेरे आँगन में,
उमड़-घुमड़-गरज के मेघ-श्याम बरसेंगे।

* * *

पत्थरों में सुमन खिला दूँगा,
मैं ज़मीं-आस्माँ मिला दूँगा,
तुम अगर साथ दे सको मेरा,
आँधियों में दिया जला दूँगा।

* * *

महकेगा तन तुम्हारा ज़रा दिल लगाके देखो,
फूलों से भरे दामन डाली हिला के देखो,
दो सौ गुना अँधेरा और दीप सिर्फ दो हैं,
इक हम जला के देखें, इक तुम जला के देखो।

*  *  *

लो हो गया सवेरा आँखें मसल के देखो,
मंज़िल बुला रही है कुछ दूर चल के देखो,
सागर उतावला है सरिता समेटने को,
कुछ हम मचल के देखें कुछ तुम मचल के देखो।

*  *  *

मेरा मन है कि ज़हन की वो खिड़कियाँ खोले,
मेरे अश्कों से ज़रा अपनी वफा को तोले,
खुली किताब के जैसी है ज़िंदगी मेरी,
मैं चाहता हूँ वो भी अपने मन से कुछ बोले।

*  *  *

मिलें जो गम तो मुस्कराके मुलाकात करो,
खिलेंगे फूल ज़रा प्यार की बरसात करो,
उसी से बात करो जिसमें कमी दिखती है,
कमी हरेक में दिखे तो खुद से बात करो।

* * *

छेड़िए दिल के तारों को कुछ गाइए,
ये मुहब्बत की महफ़िल है छा जाइए,
फूल को शाख से तोड़ना है मना,
प्यार खुशबू से हो तो चले आइए।

* * *

सारी खुशियाँ गयीं पास ग़म रह गये,
मेरी झोली में सारे वहम रह गये,
रूह से मिल न पाये कभी उम्र भर,
जिस्म से प्यार करने में हम रह गये।

* * *

है कभी फूल और ये कभी खार है,
इश्क तो इक दुधारी-सी तलवार है,
बन्धनों में हमे बाँधती वासना,
मुक्त कर दे जो सच में वही प्यार है।

* * *

तुम किसी भाग्य के तो विधाता बनो,
टूटकर के न बिखरे वो नाता बनो,
ज़िंदगी को बनाना है जन्नत अगर,
प्रेम याचक नहीं प्रेम दाता बनो।

* * *

पर्वतों से भी ऊँचे नज़र आओगे,
फूल की खुशबुओं-सा महक जाओगे,
आ गया प्यार देना तुम्हें जिस घड़ी,
खुद को रब के बराबर खड़ा पाओगे।

* * *

खुद को पा लेगा तू जितना खो जायेगा,
होंगी पलकें खुली फिर भी सो जायेगा,
एक से प्यार सच्चा अगर कर लिया,
सारे संसार से प्यार हो जायेगा।

* * *

हो कभी प्यार में कोई ख़्वाहिश नहीं,
इसमें आसान ज़ोर आजमाइश नहीं,
रोक लो बंद पलकों में आँसू सभी,
प्यार पूजा है कोई नुमाइश नहीं।

* * *

इन चिरागों को जिसने सँभाला नहीं,
मुस्कुरायेगा उस घर उजाला नहीं,
जिस जगह ना हो करुणा, दया और क्षमा,
होगा कुछ, प्रेम की पाठशाला नहीं

* * *

दुर्दिनों में बुलाता भला कौन है,
सुख में आँसू बहाता भला कौन है,
पिछले जन्मों का अपना है नाता कोई,
वरना इतना निभाता भला कौन है।

* * *

इश्क़ की इन हवाओं के रुख मोड़ दे,
ऐ खुदा जाम आँसू के सब तोड़ दे,
ज़िंदगी में दुबारा मिले न कभी,
दर्द मेरा भी 'आधार' से जोड़ दे।

* * *

बात अनमोल बहुत है ये ज़िंदगी के लिये,
बता रहा हूँ फ़लसफ़ा मैं हर किसी के लिये,
पोंछ सकते हो तो दुखियों के पोंछ लो आँसू,
न जियें आप फ़क़त अपनी ही खुशी के लिये।

* * *

दिल की गागर को नेकियों के जल से भर डालो,
खामियाँ खुद की हों न दूसरों के सर डालो,
बुरी हो बात तो बेहतर है उससे दूर रहो,
कोई भी काम भला हो तो उसे कर डालो।

* * *

ज़िंदगी बदहवास लगती है,
दर्द के आस-पास लगती है,
सच कहें आपके बिना हमको,
सारी महफ़िल उदास लगती है।

* * *

ढूँढ़ना मत यहाँ और वहाँ ज़िंदगी,
हम बताते हैं तुमको कहाँ ज़िंदगी,
जिस जगह ग़म खुशी और सुख-दुःख मिलें,
यूँ समझ लो कि बस है वहाँ ज़िंदगी।

* * *

आईना गिर गया फिर भी टूटा नहीं,
प्यार है बुलबुला फिर भी फूटा नहीं,
मुद्दतों पहले मैंने रँगा था उसे,
आज तक रंग हाथों का छूटा नहीं।

* * *

प्रेम नीचे गिरे तो बने वासना,
और ऊपर उठे तो बने प्रार्थना,
इससे बढ़ जायेगी रोशनी और चमक,
प्रेम काजल इसे आँख में आँजना।

* * *

संयमी शिव-धनुष यूँ न हिल पायेगा,
त्याग बिन जीत कोई न दिल पायेगा,
जब निचोड़ोगे लाखों सुमन प्रेम के,
तब कहीं इत्र इक बूँद मिल पायेगा।

* * *

देश में क्रांति का कर दिया जागरण,
और वासंती चोला लिया था पहन,
देशहित में लुटाकर गये जान जो,
ऐसे बलिदानियों को है सौ-सौ नमन।

* * *

डालिए मत हमें इश्क़ की जेल में,
चोट खायी बहुत प्यार के खेल में,
हमसे रूठे रहो उम्र भर सब्र है,
मुस्कुराना न तुम एक अप्रैल में।

* * *

ग़म भी बिक जायें खुशियों के बाज़ार में,
फ़र्क़ भी ना लगे जीत और हार में,
ज़िंदगी का सही है मुहूरत वही,
जब भी खो जाये दिल आपका प्यार में।

* * *

पास है जिसके वो आज सबसे धनी,
पास जिसके नहीं उसकी सबसे ठनी,
प्रेम का धर्म और मर्म पहचान लो,
प्रेम व्याधी नहीं, है ये संजीवनी।

* * *

हाथ थामो तो राहत-सी हो जायेगी,
ग़म भुलाने की आदत-सी हो जायेगी,
तुमने मुझको अगर पढ़ लिया ठीक से,
धीरे-धीरे मुहब्बत-सी हो जायेगी।

* * *

जैसे दिन कट गया रात कट जायेगी,
जो भी खाई बनी है वो पट जायेगी,
प्यार से जो हमें आपने सुन लिया,
नफ़रतों की ये चादर भी हट जायेगी।

* * *

धूप पर डाल दो छाँव का आवरन,
इस नये वर्ष में दूर हों सब ग्रहन,
नौ दिनों तक मेरे ध्यान में तुम रहो,
'शैल पुत्री' तुम्हें मेरे सौ सौ नमन।

* * *

राम मुख पर मगर दिल में तलवार है,
लिप्त व्यभिचार में हाय संसार है,
'ब्रह्मचारिणि' हे माँ सबको कर संयमी,
कर रहा आपका सुत नमस्कार है।

* * *

सर पे आयी बलाएँ भी टल जायेंगी,
सब दुआएँ बुज़ुर्गों की फल जायेंगी,
'चंद्रघण्टा' ऐ माँ तेरे आशीष से,
नफ़रतें भी मुहब्बत में ढल जायेंगी।

* * *

जग है याचक मगर एक दाता हो तुम,
भाग्य, आरोग्य सबकी विधाता हो तुम,
सृष्टि जन्मी उदर से सुना इसलिए,
विघ्नहरिणी हो, 'कूष्माण्ड' माता हो तुम।


* * *


अब किसी देवता को नहीं गाऊँगा,
बुझ गया मैं अगर फिर न जल पाऊँगा,
मात 'कूष्माण्डा' तेरे दरस के बिना,
आज दर से मैं उठकर नहीं जाऊँगा।


* * *


मूढ़मति को भी करती हो मतिमान तुम,
विश्व में शक्ति की शुद्ध पहचान हो,
आँख खोलूँ तुम्हारा ही दर्शन करूँ,
'स्कंद माता' मुझे दो ये वरदान तुम।


* * *

तेरा सम्बंध गहरा है ब्रजधाम से,
दूर हो सारी बाधा तेरे नाम से,
नाम 'कात्यायनी' जो जपे, मुक्त हो,
धर्म से, अर्थ से, मोह से, काम से।

* * *

श्यामवर्णा हो तुम शुभ प्रदाती हो माँ,
सब नकारात्मकता हटाती हो माँ,
सिद्धि दाता, नियंता हो तुम रात्रि की,
'कालरात्री' व काली कहाती हो माँ।

* * *

जब जगे भक्त में भक्ति की भावना,
उसकी होती है पूरी मनोकामना,
आठवीं शक्ति 'गौरी' की अवतार तुम,
कर लो स्वीकार मेरी भी आराधना।

* * *

शिव प्रिया, गौर वर्णा है तुझको नमन,
तेरे आशीष से हो दुःखों का दमन,
मैं तो धरती की बिखरी हुई धूल हूँ,
तू जो छू ले मुझे मैं भी छू लूँ गगन।

*  *  *

शुभ-अशुभ सब तुम्हारे चरण में धरूँ,
अपने नयनों में आभा तुम्हारी भरूँ,
पूजने से मिलें सिद्धियाँ इसलिए,
वंदना 'सिद्धिदात्री' तुम्हारी करूँ।

*  *  *

सारे ग़म को भुला दूँ जो हँस जाओ तुम,
दिल के आँगन में आकर बरस जाओ तुम,
आशियाना तलाशें किराये का क्यों,
तुममें मैं मुझमें आकर के बस जाओ तुम।

*  *  *

किसी की बात जो बिगड़े तो मुस्कुराओ मत,
किसी का ग़म हँसी की डोर से उड़ाओ मत,
कमी जो दूसरे की हो तो उसे मत देखो,
हो अपनी ख़ामियाँ तो उनको फिर छिपाओ मत।

* * *

ज़ुबान रुक गयी हालात को कहते-कहते,
अश्क़ भी सूख गये आँख से बहते-बहते,
इसको भूकम्प कहें या ख़ुदा की नाराज़ी,
ज़मीन थक गयी है ज़ुल्म को सहते-सहते।

* * *

दुआ है ज़िंदगी से दूर ज़लज़ला कर दे,
एक ही भूल ज़िंदगी को चुटकुला कर दे,
किसी की याद तो दीमक की तरह होती है,
रखो सहेज के तो तन को खोखला कर दे।

* * *

गुरूर जिसने अपने ज़हन में पाला होगा,
खुली हों खिड़कियाँ फिर भी न उजाला होगा,
खुद की परछाइयाँ जब क़द से बड़ी हो जायें,
उसका सूरज समझ लो डूबने वाला होगा।

*  *  *

आँसुओं से कभी चेहरा नहीं धोया करते,
किसी के वास्ते इतना नहीं रोया करते,
हमारा काम तो बस प्यार ही लुटाना है,
अपने अल्फ़ाज़ से नफ़रत नहीं बोया करते।

*  *  *

ख़्वाब आँखों में कोई फलता-फूलता ही नहीं,
क्यों कोई याद के पलने में झूलता ही नहीं,
हम सही कब थे उसे याद नहीं है अब तक,
हम ग़लत कब थे वो ये बात भूलता ही नहीं।

*  *  *

प्यार की रस्म मुझको निभाने तो दे,
पास अपने ज़रा मुझको आने तो दे,
मैं भी तैयार हूँ, दिल भी तैयार है,
फ़ैसला अपना दिल को सुनाने तो दे।

*　*　*

अभी जाने दो मुझे बाद में फिर आऊँगा,
साथ ले जाके तुम्हें वो जगह दिखाऊँगा,
दिल के मंदिर में जहाँ आरती हुई न कभी,
तुम्हारे हाथ से मैं इक दिया जलाऊँगा।

*　*　*

भोर कर दूँ तुम्हें शाम हो जाऊँ मैं,
साक़िया तुम बनो जाम हो जाऊँ मैं,
आख़री आरज़ू बस यही है मेरी,
नाम दूँ तुमको बदनाम हो जाऊँ मैं।

*　*　*

मैं अपने मन का गीत जब तुम्हें सुनाता हूँ,
यक़ीन मानिए उस वक़्त टूट जाता हूँ,
रहूँ ख़मोश तो कहते हैं कि गुमसम क्यों हो,
हँसूँ तो उनके सवालों से ही घिर जाता हूँ।

*  *  *

मैं क़लमकार हूँ हर बात लिखूँ काग़ज़ पर,
आते-जाते हुए जज़्बात लिखूँ काग़ज़ पर,
चाहता हूँ तमाम रात तुझसे बात करूँ,
कैसे गुज़री तेरी हर रात लिखूँ काग़ज़ पर।

*  *  *

मेरा मुक्तक मेरे लहजे में गा लिया होगा,
दर्द उसने मेरी तरह दबा लिया होगा,
उसकी तल्ख़ी में हुआ कैसे तरन्नुम पैदा,
उसने ग़ुस्से में मेरा ख़त चबा लिया होगा।

*  *  *

कोई तो टीस तुम्हारे जिगर के अंदर है,
तभी तो आँख में ठहरा हुआ समंदर है,
जो बात मन में है होठों पे लाइए साहब,
फ़ैसला जो भी हो वो फ़ासले से बेहतर है।

* * *

ज़ख़्म मुझको मिले हैं फूलों से,
अब शिकायत नहीं बबूलों से,
आँधियों से लड़ा हूँ जीवन भर,
पर न भटका कभी उसूलों से।

* * *

तुम जो थोड़ा बदल गये होते,
फिर तो हम भी सँभल गये होते,
दोनों मिल बाँटते अँधेरों को,
हम जो दीपक से जल गये होते।

* * *

प्यास बुझ जाये तो शबनम ख़रीद सकता हूँ,
ज़ख़्म मिल जायें तो मरहम ख़रीद सकता हूँ,
ये मानता हूँ मैं दौलत नहीं कमा पाया,
मगर तुम्हारा हर एक ग़म ख़रीद सकता हूँ।

* * *

www.ingramcontent.com/pod-product-compliance
Lightning Source LLC
LaVergne TN
LVHW041735190726
843493LV00008B/2356